AF391333

Écouen 8 Juin 1890.

P

SUCCESSION DE Mme ROSLIN

Vente après Décès, à ÉCOUEN, près Paris

Le Dimanche 8 Juin 1890, à 2 heures 1/2

TABLEAUX

ŒUVRES DE ROSLIN

*Peintre du roi Louis XVI et professeur de la
reine Marie-Antoinette*

BELLES MINIATURES

DE

HALL, PÉRIN, BOURDIER, VIEN

Me QUÉRIOT	M. A. BLOCHE
Notaire	Expert
A ÉCOUEN.	25, RUE DE CHATEAUDUN, 25, A PARIS

EXEMPLAIRE DE H. STETTINER

EXPOSITIONS PUBLIQUES

Le Samedi 7 Juin 1890, de 11 heures à 5 heures 1/2
et le Dimanche, avant la vente.

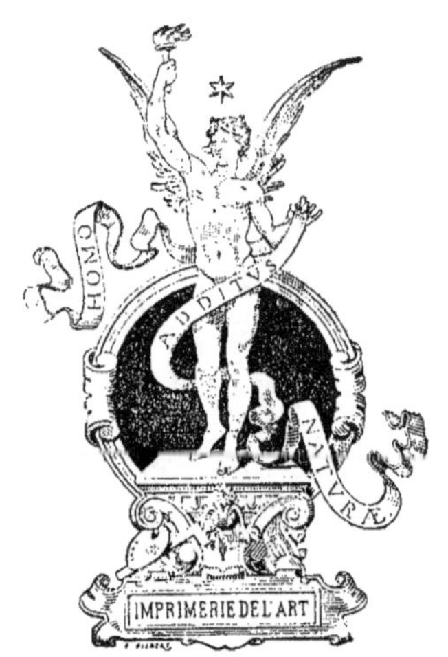

CATALOGUE

DE

TABLEAUX

Portraits et scène de genre

ŒUVRES DE ROSLIN

Peintre du roi Louis XVI et professeur de la reine Marie-Antoinette

BELLES MINIATURES

de Hall, Périn, Bourdois, Vien

Groupes en biscuit

Provenant de la succession de Mme ROSLIN

ET DONT LA VENTE AUX ENCHÈRES PUBLIQUES AURA LIEU

Par suite de son décès

EN SA PROPRIÉTÉ, SISE PLACE DE L'ÉGLISE, A ÉCOUEN

PRÈS PARIS

Le Dimanche 8 Juin 1890

à 2 heures 1/2

Par le Ministère de **Me QUÉRIOT**, notaire à Écouen.

Assisté de **M. A. BLOCHE**, expert

25, rue de Châteaudun, 25, à Paris

Chez lesquels se distribue le Catalogue.

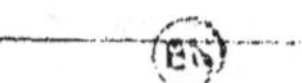

EXPOSITION PUBLIQUE

**Le Samedi 7 Juin 1890, de 11 heures à 5 heures 1/2
et le Dimanche avant la vente.**

CONDITIONS DE LA VENTE

Expressément au comptant.

10 o/o en sus du prix d'adjudication, applicables aux frais.

Aucune réclamation ne sera admise une fois l'adjudication prononcée.

MOYENS DE TRANSPORT

CHEMIN DE FER, GARE DU NORD

Départs pour Écouen (situé à une demi-heure de Paris) :
Matin : 8 h. 5o, 10 h. 35, 12 h. 5o.
Soir : 1 h. 5o, 3 h.

Départs pour Paris (retour) :
Soir : 2 h. 3, 4 h. 15, 4 h. 58, 5 h. 56.
Matin : 10 h. 47, 11 h. 57, 12 h. 47.

NOTA. — Un omnibus fait le service de la gare d'Écouen à la place de l'Église.

Paris. — Imp. de l'Art. E. Ménard et Cie, 41, rue de la Victoire

DÉSIGNATION

TABLEAUX

ŒUVRES DE ROSLIN

I — *Le Salon de Mme Martineau.*

Mme Martineau, fille aînée de Roslin, en élégant costume de satin blanc, gracieusement décolleté, achève devant une glace de se parer. Elle
tient un bouquet de fleurs à la main. Sa servante,
derrière elle, en robe gorge de pigeon, avec fichu
de mousseline, et bonnet enrubanné, tient dans
ses mains des panaches et des fleurs qui doivent

ajouter aux atours de sa maîtresse. A droite, assis sur un fauteuil, M. Martineau, en habit et culotte bleus, gilet brodé, avec la croix de Saint-Louis sur la poitrine, sourit en lisant un livre à reliure de maroquin rouge. A gauche, le jeune Lagrenée, fils du peintre et ami de la famille, en costume de soie changeante, collerette de dentelle, chapeau de feutre à plumes, est assis sur un siège crapaud et s'amuse avec un petit serin qu'il tient dans la main gauche. L'épée et le chapeau de M. Martineau sont posés sur un secrétaire. Des panneaux à sujets mythologiques décorent les murs de ce coquet intérieur où l'on voit de beaux candélabres sur la cheminée de marbre garnie de bronzes.

Tableau des plus intéressants comme facture et comme composition.

Signé à gauche : *P^t p. Le Chev. Roslin, 1785.*

Toile. Haut., 82 cent.; larg., 65 cent.

2 — *Portrait de Mme Roslin, femme du peintre.*

Représentée assise, dans un élégant costume de blonde brodée, corsage décolleté en carré avec capuchon doublé de soie rose, la tête tournée de trois quarts, accoudée sur un album de dessins posé sur une table, avec rose dans les cheveux.

Signé à gauche : *Peint p. le chev. Roslin, 1765.*

Toile. Haut., 78 cent.; larg., 65 cent.

3 — *Portrait du peintre.*

Représenté à mi-corps dans son atelier, devant un chevalet sur lequel on voit le portrait d'une dame de la cour, tenant dans sa main gauche sa palette. Tourné de trois quarts, cheveux poudrés, en habit de soie violet, jabot de dentelle, portant au cou l'ordre royal de Wasa de Suède.
Très beau tableau.

Toile. Haut., 8o cent.; larg., 65 cent.

4 — *Portrait d'Alexandre Roslin, fils aîné du peintre.*

Représenté à mi-corps, presque de face, perruque à la poudre, en habit de soie vieux vert, avec gilet de satin blanc brodé, entr'ouvert, laissant voir un jabot de dentelle.
Signé à gauche : *Le Chev. Roslin. 1787.*

Toile. Haut., 72 cent.; larg., 59 cent.

5 — *Portrait de Joseph Roslin, second fils du peintre.*

Représenté à mi-corps, presque de face, perruque à la poudre, en habit marron, gilet de soie vert clair brodé, cravate de soie blanche.
Signé : *Le Chev. Roslin. 1791.*

Toile. Haut., 70 cent.; larg., 58 cent.

6 — *Portrait de Franklin.*

Représenté en buste, presque de face, en costume marron avec col en fourrure, jabot inachevé.

Toile. Haut., 70 cent.; larg., 57 cent.

ROSLIN

(Mme SUZANNE, née GIROUX)

7 — *Portrait de sa petite fille.*

Représentée à mi-corps, debout, en chemise, portant des raisins.
Pastel.

Haut., 54 cent.; larg., 45 cent.

BOURDON

(Attribué à SÉBASTIEN)

8 — *La Sainte Famille.*

Toile. Haut., 78 cent.; larg., 98 cent.

MINIATURES

BOURDIER

9 — *Portraits de Mlles Bricard, nièces du peintre Roslin.*

> Têtes de profil, bustes décolletés, corsages bleus.
> Deux miniatures ovales sur ivoire.

> Haut., 3o millim.; larg., 2o millim.

HALL

10 — *Portrait de Roslin.*

> Représenté en buste, presque de face, en perruque poudrée, habit brun, portant au cou l'ordre de Saint-Louis.
> Très jolie miniature ovale sur ivoire. Montée dans un bracelet en or émaillé.

HALL

11 — *Portrait de Mme de Barmont, seconde fille de Roslin.*

Représentée en buste, presque de face, en robe de soie bleu pâle décolletée, avec ruche et nœud de ruban au corsage. Coiffure haute à la poudre, ornée de plumes et de fleurs.

Très belle miniature ronde sur ivoire.

Cadre en bois doré, cercle de cuivre.

Diamètre de la miniature, 50 millim.

HALL

(Attribué à)

12 — *Portrait de M. de Barmont.*

Représenté dans un parc, à mi-corps, en habit de satin clair rayé, gilet blanc brodé, jabot de dentelle, perruque poudrée.

Belle miniature ronde sur ivoire dont la facture révèle les qualités de Hall.

Enfermée dans un écrin en galuchat, avec miroir en contre-partie.

Diamètre de la miniature, 70 millim.

PÉRIN

13 — *Mme Alexandre Roslin, belle-fille du peintre de ce nom, née Abraham de Tours, et son fils.*

Représentée debout dans un parc, tenant son enfant dans ses bras. Elle porte une robe grise à corsage ouvert, avec fichu de mousseline ; coiffure frisée à longues boucles tombant sur les épaules. Le bambin, en chemise, sourit.

Charmante miniature sur ivoire, forme octogone.

Signée.

Haut., 90 millim.; larg., 80 millim.

PÉRIN

14 — *Portrait de Mme Teinière, née Abraham de Tours, sœur de Mme Alexandre Roslin.*

Représentée assise dans un parc, tournée presque de face, en robe blanche, corsage ouvert avec fichu de mousseline gracieusement noué sur la poitrine, coiffure à la poudre avec fleurs dans les cheveux. Tournée presque de face.

Miniature ronde sur ivoire.

Diam., 70 millim.

PÉRIN

15 — *Portrait de M. Teinière.*

Représenté presque de face, dans un jardin, en habit marron avec jabot de dentelle. Perruque à la poudre.
Miniature ronde sur ivoire.
Signée.

Diam., 6o millim.

PÉRIN

16 — *Portrait de Joseph Roslin, second fils du peintre.*

De trois quarts, en habit marron, gilet jaune brodé avec cravate bouffante.
Cheveux poudrés.
Miniature ronde sur ivoire.

Diam., 6o millim.

PÉRIN

17 — *Portrait d'homme du temps de la Révolution.*

A mi-corps, presque de face, les bras croisés dans une attitude très énergique, en redingote grise, gilet à revers rouge, cravate et jabot blancs, cheveux poudrés. Fond de paysage.
Jolie miniature ronde sur ivoire.
Signée.

Diam., 70 millim.

PÉRIN

18 — *Portrait d'homme du temps de Louis XVI.*

De face, à mi-corps, en habit mauve, gilet rayé bleu et blanc, avec jabot de dentelle, cheveux poudrés.
Miniature ronde sur ivoire.
Signée.

Diam., 60 millim.

VIEN

19 — *Portrait de Mlle Abraham de Tours,
qui fut plus tard Mme Alexandre Roslin.*

> En robe de soie rayée, corsage ouvert avec
> fichu de mousseline, tenant un feuillet de musique
> à la main. Cheveux frisés et tombant sur les épaules,
> retenus par un ruban.
> Miniature ronde sur ivoire.
> Signée.

Diam., 70 millim.

ÉCOLE FRANÇAISE

(XVIIIe siècle)

20 — *Portrait de M. Abraham de Tours,
père de Mme Roslin.*

> Miniature ovale sur ivoire.

Haut., 30 millim.; larg., 25 millim.

ÉCOLE FRANÇAISE

(xviiie siècle)

21 — *Portrait de dame du temps de Louis XVI.*

En robe rouge décolletée, avec fichu de mousseline.
Miniature ovale sur ivoire.

ÉCOLE FRANÇAISE

(xviiie siècle)

22 — *Portrait de jeune homme.*

En habit de velours noir, à jabot de dentelle, perruque à la poudre.
Miniature ovale sur ivoire.

ÉCOLE FRANÇAISE

(xviiie siècle)

23 — *Portrait de jeune femme du temps de Louis XVI.*

Très petite miniature sur ivoire.

BISCUITS

24 — Très joli groupe en biscuit, du temps de Louis XVI,
représentant Flore et l'Amour, attribué à Falconet.

25 — Deux jolis groupes de deux figures : Enfants et
Amours, allégories à la Musique. Époque Louis XVI.

Ces groupes avaient été donnés au peintre Roslin
par le roi de Suède.

26 — Objets non catalogués.

www.ingramcontent.com/pod-product-compliance
Lightning Source LLC
LaVergne TN
LVHW020850200726
843508LV00003B/1142